Para _____
_____
_____
_____
_____

Freddy DeAnda

Porque te amo

ORIGEN

Penguin
Random House
Grupo Editorial

Primera edición: octubre de 2022

Copyright © 2022, Freddy DeAnda
Copyright © 2023, Penguin Random House Grupo Editorial USA, LLC
8950 SW 74th Court, Suite 2010
Miami, FL 33156

Publicado por ORIGEN, una marca registrada de
Penguin Random House Grupo Editorial USA, LLC.
Todos los derechos reservados.

Diseño de cubierta e interior: www.produccioneditorial.com

Impreso en China / *Printed in China*

ISBN: 978-1-64473-575-6

23 24 25 26 27   10 9 8 7 6 5 4 3 2

Porque te amo

¡**H**ola, estimados matrimonios! Este es un obsequio de Dios para su relación.

Cada página es un mensaje que puedes compartir con tu cónyuge, pues es una poderosa declaración de amor y compromiso, que además te permitirá reflexionar sobre tu crecimiento personal, espiritual y relacional.

Estas frases, que sirven para hacernos recordar una y otra vez nuestro amor por nuestro cónyuge, son extractos de mi libro *Amor inquebrantable: los 7 principios para un matrimonio sólido y feliz.*

Esposos y esposas, solo a través del compromiso por sembrar buena semilla en su matrimonio, crecerá maravilloso fruto de entendimiento, paz y gozo en su familia.

¡Dios los bendiga grandemente!

Te doy gracias por tu amor
y paciencia infinitos.

¡Soy una mejor persona gracias a ti!

Doy gracias a Dios por tu vida y porque
me bendijo con tenerte a mi lado.

¿En qué puedo servirte, mi amor?
¿De qué forma puedo demostrarte
lo mucho que me importas?

¡**M**i único deseo es dar vida a nuestro matrimonio y a nuestra familia!

Sé que no es fácil la convivencia. A veces me rebasan la preocupación y la ansiedad.
Pero te amo y deseo que sientas que al casarte conmigo te sacaste la lotería. ¡Eso siento yo!

Juntos podemos encontrar soluciones a nuestras diferencias y superar los desafíos que la vida nos presenta. Te entrego mi total compromiso para lograrlo.

Sé que el amor no es un juego, es una decisión. Sin embargo, podemos verlo como una dinámica en la que ambos, esposo y esposa, ganamos cuando nos atendemos, nos cuidamos, nos escuchamos, y especialmente cuando permitimos que Dios sea quien nos guíe y enseñe la correcta forma de amarnos.

¡Yo quiero ganar en mi matrimonio y quiero que tú también ganes!

Quiero que juntos gocemos y disfrutemos del amor y de nuestra familia.

Mi amor por ti no se derrumbará; al contrario, se fortalecerá conforme pase el tiempo.

Lo que se encendió como una chispa entre tú y yo se ha convertido en un enorme fuego que nos abraza con ternura y abraza a nuestros hijos.

Mi compromiso es mantener viva esa llama de amor en nuestro matrimonio, porque mi amor por ti es inquebrantable.

A veces tengo más preguntas que respuestas para nuestro matrimonio.

A veces parece que hay más tristezas que alegrías, pero te propongo que aprendamos juntos a comunicarnos mejor, a compartir más para fortalecernos como pareja.

Dios, tú y yo integramos el mejor equipo, y lograremos salir adelante para construir una vida que ambos disfrutemos.

Ese es mi anhelo y compromiso.

El matrimonio no viene
con un manual de instrucciones.
¡Es un acto de fe!

Mi fe está puesta en Dios y en ti, amor mío.

Sé que hemos enfrentado difíciles batallas,
desacuerdos y problemas, pero vale la pena
continuar juntos y desafiar la adversidad.

No es fácil.
¿Quién dijo que lo bueno sería sencillo?

¡Lo bueno cuesta!
Y nuestro matrimonio es bueno
en gran manera.

Sé que he cometido errores.
Sé que te he decepcionado.
Pero también sé que te amo.
Y sé que no enfrentamos solos
nuestros desafíos.

Dios está con nosotros, nos aconseja,
nos brinda principios para que nuestra
relación sea armoniosa. ¡Qué bendición!

Señor, instrúyeme.
Deseo ser feliz en mi matrimonio.

Deseo amar sin medida, sin egoísmo,
con entrega total y compromiso eterno.

No importa mi pasado, no importan los errores que he cometido, no importan mi crianza, mi procedencia ni mi educación.

¡Sé que hay esperanza para nuestro matrimonio!

Dios me confrontará para que abra mis ojos y mi corazón al amor verdadero.
Me guiará y enseñará cómo brindarte la atención, el respeto y el cuidado que mereces.

La relación más importante
de mi matrimonio
es con Dios.

El vínculo perfecto es contigo y con Él.

No se trata solo de nosotros dos,
sino de nosotros dos y Dios.

Señor, te invito a que tomes el control
de mi matrimonio, para que mi hogar
se convierta en un lugar de bendición,
donde mi familia goce de una relación
sobrenaturalmente dichosa.

¿Es posible que me haya enfocado en lo que evidentemente hago en mi hogar, pero que haya pasado por alto los detalles: esas pequeñas cosas que van sumando o restando chispa a nuestra relación?

¿Qué pequeños detalles de cariño y atenciones diarias tenía contigo que ya no tengo?

¿Hay algo que extrañas de mí porque ha cambiado mi forma de tratarte y considerarte?

Reflexionaré sobre ello.

El amor entre tú y yo comenzó pequeño. Miradas, sonrisas, palabras nerviosas…

¡Fue tan emocionante!

De la misma forma, conforme los años pasan, los agradables detalles que dejamos de hacer o los pequeños desaires pueden desmoronar nuestra relación.

Yo no quiero que eso suceda.
Quiero enamorarte cada día, hacerte sonreír cada mañana.
Quiero cuidarte el resto de mi vida.

Cuando dejo de dar el beso de despedida, cuando hablo con aspereza, cuando no ofrezco mi ayuda, voy quitando un granito de arroz de la balanza, y si no me doy cuenta, la relación pierde equilibrio.

Sé que no se soluciona solo con un simple "lo siento". Eso sería como poner una enorme cucharada de arroz en la balanza. Debo restaurar el equilibrio día tras día, porque el amor en el matrimonio requiere constancia para que dure toda la vida.

¡Así lo haré! ¡Pondré mi granito de arroz cada día!

Hay algo valioso escondido en lo que vemos como insignificante, para bien y para mal.

Los detalles hermosos enamoran y los detalles groseros duelen.

¡Hoy tendré un detalle hermoso con mi pareja!

Mi amado es mío y yo soy suya.

Cantares 2:16

¡Qué cierto es!

Tú satisfaces mi sentido de pertenencia
y yo satisfago tu sentido de pertenencia.

Por eso valoro lo que es importante
para ti y te apoyo, así como tú valoras
lo que es importante para mí.

¡Somos el complemento perfecto!

Hoy decido hacer pequeños cambios en mi relación de pareja:

- Escucharé con más atención.

- No esperaré a que me repita lo que necesita; lo haré con gusto.

- Analizaré y reconoceré lo que estoy haciendo mal y debo mejorar.

- Tomaré la iniciativa para conversar sobre mi deseo de mejorar y demostraré con acciones mi compromiso para lograrlo.

Un poquito de levadura leuda una buena cantidad de masa para hornear.

Mis pequeñas y constantes muestras de afecto serán como la levadura que hará crecer nuestro amor.

Mis detalles de amor y atención serán como leña para el fuego de la pasión y agua para extinguir el fuego de la discordia.

Cazadnos las zorras pequeñas
que echan a perder las viñas porque
están en ciernes.

Cantares 2:15

Cazaré las zorras pequeñas.

¡Pondré atención a los detalles!

M

i amor será intoxicante,
no tóxico.

Será como un buen vino que te embriagará plácidamente con cariño y atención, no será como un veneno que mate nuestra relación.

Cuando rechazo tus emociones y necesidades, estoy rechazándote como persona.

Cuando te digo "Eso no me corresponde, hazlo tú", rechazo tus emociones y necesidades.

Lo siento, perdóname. Te acepto y deseo expresarte cuánto te amo al escucharte, validarte y atenderte.

Todos tenemos una necesidad básica de pertenecer, de sentirnos parte de algo.

En nuestro matrimonio, nos satisfacemos mutuamente.

Somos una sola carne y nos complementamos.

¡Gracias por amarme!

Me esforzaré cada día por demostrarte y decirte cuánto te amo.

Edificaré mi matrimonio.

Mis palabras y acciones son el pico y la pala que puedo usar como armas mortales o como herramientas útiles.

Hoy decido usar esas herramientas para sembrar amor, para construir nuestra relación fuerte y sólida.

¡**T**engo tanta energía!
Puedo usarla para edificar
o para destruir.

Por amor y con amor, usaré mi energía
para edificar nuestra relación.

Vale la pena, aún no es tarde.
Si ya destruí, me dedicaré a reconstruir.

Hoy me tomaré el tiempo
para reconocer y enfrentar
los pequeños problemas de cada
día. Esos comentarios, esa sutil indiferencia
o frialdad que fue fragmentando nuestra
relación hasta convertirse en un abismo,
en grandes dificultades que me separan
de mi pareja.

¿**D**e qué forma puedo lograr que, como mi pareja, sientas que te valoro, te aprecio y te respaldo?

El matrimonio no se trata de que uno domine al otro, sino de que ambos disfrutemos de nuestra vida juntos.

Cuando me niego a satisfacer tus necesidades, mi amor, genero tu dolor y rechazo.

¿Cómo espero que me brindes lo que yo necesito si no te abro la puerta con mi atención y mi cuidado amoroso?

¡Yo he generado mi propia frustración! Ahora entiendo que debo dar para recibir. Debo sembrar para cosechar. ¡Así lo haré!

¡Ahora comprendo! Una mujer deletrea la palabra "intimidad" con las letras de CONVERSACIÓN; un hombre deletrea la palabra "intimidad" con las letras de SEXO.

Una mujer querrá intimidad sexual cuando haya tenido intimidad en la comunicación, cuando se haya sentido genuinamente escuchada. De esa forma, ambos perciben que se pertenecen mutuamente.

Yo quiero intimidad contigo. Así que te daré lo que necesitas para establecer esa conexión especial entre los dos.

La raíz es más importante que los frutos cuando buscamos resolver alguna dificultad.

¿Qué provoca enojo y frustración en ti y en mí?

¿Qué provoca satisfacción y gozo en ti y en mí?

Conversémoslo para resolver de raíz el conflicto.

El amor no se divide,
sino que se multiplica
cuando la familia crece.

Pero también crecen los desafíos.

¿Qué detalles comenzaron a ser una piedra
en el zapato cuando nuestra familia ya no
éramos solo tú y yo?

Los problemas de nuestro matrimonio
no están afuera, sino que están dentro de
mi corazón y del tuyo. Así que las soluciones
también están allí.

Regresaré a lo básico, a buscar cómo
reencontrarnos con el amor que nos
ha traído hasta acá.

En medio del afán de mi vida,
mi trabajo, mis obligaciones,
mis responsabilidades y mis
proyectos, no me olvidaré de mi matrimonio.
¡Es tan sutil ese desvío de mi atención que ni
cuenta me doy!

No me olvidaré de ti, mi amor.
Te daré la prioridad, no permitiré
que todo lo demás que demanda
mi cuidado me aleje de ti y enfríe
nuestro amor.

¡Me dedicaré a cuidarlo y cultivarlo!

¡**E**s tan fácil caer en el círculo vicioso de la frustración, la decepción y el enojo!

Sin darme cuenta, esos ladrillos se convierten en murallas que me separan de ti.

Ahora lo veo muy claro.

Mi falta de amor genera falta de respeto, y también la falta de respeto mata el amor.

¡Le pondré alto a esa espiral de tensión!

Rindo mi orgullo para que la dinámica de nuestro matrimonio cambie.

He comprendido que un matrimonio exitoso busca soluciones, mientras que un matrimonio que lucha contra el fracaso busca culpables.

De nada me sirve tirar piedras que hieren. Detendré mis ataques de indiferencia y palabras ofensivas.

Deseo que mi matrimonio sea exitoso al aprender a manejar los pequeños detalles.

Las cosas pequeñas son
las que van abriendo
un agujero entre los dos,
como esa gota que carcome hasta la roca.

No hay una varita mágica ni una gran
solución a nuestras dificultades.

Las sutilezas son las que construyen puentes
o muros entre los dos.

¡Pondré atención a los detalles!

Un fuego se extingue si dejamos de alimentarlo.

A veces no se trata solo de lo que hago, sino de lo que no hago.

¿Qué acciones debo tomar para alimentar el fuego de nuestro amor?

¿Cuáles son esas necesidades emocionales que he descuidado?

Me propongo ponerles atención y cuidarte.

Las pequeñas semillas de cuidado, servicio y atención que siembre en ti producirán frutos al diez, cincuenta, cien y mil por ciento.

Mi amor, disfrutaremos de nuestra relación como nunca antes.

Aprovecharé cada oportunidad para atenderte.

Seré un esposo que…
- envíe un mensaje de texto durante el día.
- llame camino a casa y pregunte si se le ofrece algo.
- al llegar a casa, pregunte cómo puedo cuidarla, y demuestre que necesita y desea hacerlo.
- se interese por lo que ella tiene que decir, y que la escuche. Entiendo que cuando una mujer habla conmigo no necesariamente busca soluciones, consejos o enseñanzas: lo que busca es que la escuche.

Seré una esposa que…
- tome la iniciativa en buscar a mi esposo para la intimidad.
- envíe un mensaje de texto diciéndole cuánto lo extraño y que no puedo esperar a verlo para pasar un tiempo especial juntos.
- al llegar a casa, procure que el primer tema de conversación sea positivo.
- se vista y se arregle para él, y se lo haga saber.

Haré mía esta frase:
"Si es importante para mi pareja, será importante para mí".

Reconoceré tus necesidades que he ignorado. Ahora sé que cuando he rechazado tus necesidades, te he rechazado a ti y no quiero que sientas que no eres importante para mí.

Te propongo hacer un ejercicio:

1. Escribamos las necesidades que hemos intentado comunicarnos.

2. Conversemos sobre estas pequeñas pero grandes cosas.

3. Te pido perdón por haber ignorado lo que necesitabas.

4. Te escucho con atención. No te interrumpiré, justificaré o daré consejos.

5. Cuando comparta contigo mis necesidades, hablaré sobre una cosa a la vez para darte tiempo de comprender y asimilar.

¡Verás que lograremos ponernos de acuerdo!

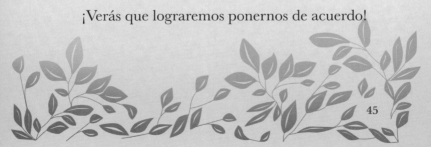

Respiraré profundo y me enfocaré en una cosa que pueda ir cambiando hoy.

1. Tomaré tiempo para meditar sobre cosas que hacía antes por ti y que ya no hago.

2. Reflexiono: ¿qué me pedías antes que ahora ya no me pides, pero sé que necesitas?

3. ¿Qué vacíos no he llenado?

4. ¿En qué áreas te he rechazado, por lo que has tomado distancia con un sentimiento de derrota?

¡Ya sé qué paso daré hoy!

El bien y el mal se multiplican.

He sumado todas las pequeñas formas en las que te he rechazado durante un mes, y veo que estoy en números rojos.

A partir de hoy comenzaré a sumar acciones que te validen y te hagan sentir cuánto te amo. Depositaré atención, cuidado y cariño.

No me voy a enfocar en ver resultados a corto plazo.

Me enfocaré en agregarte valor y sé que, poco a poco, veré cambios positivos en nuestra relación.

El éxito de nuestro matrimonio depende de esos pequeños aportes diarios que deposito en tu cuenta de amor.

No se trata de una enorme acción tan trascendental y transformadora que cambie todo instantáneamente.

Se trata de cuidarte cada día, poner atención a los pequeños detalles.

¡Volveré a crear ese hábito de agradarte!

Necesito reflexionar:

¿Realmente te cuido, mi amor?

¿Cuántas veces me has dicho que no te pongo atención?

¿Me he enojado con facilidad?

¿Te he puesto como prioridad en mi vida?

¿Me he esforzado en demostrarte que te amo?

Sé que, si nos sentimos vacíos, incompletos y rechazados, no estaremos dispuestos a trabajar en nuestro matrimonio.

Por eso, doy el primer paso y me comprometo a demostrarte cada día que te acepto y deseo satisfacer tus necesidades.

Sembraré todos los días, constantemente, amor y atención en mi matrimonio.

Tú lo mereces y lo necesitas, mi amor.

Yo lo merezco y lo necesito… así que lo sembraré para cosecharlo.

¡Vale la pena!

Todo lo que vale la pena requiere paciencia, esfuerzo y constancia.

Todo lo grande comienza pequeño.

Los logros monumentales comienzan con una acción.

Un roble empezó siendo una semilla diminuta, tal como una gran relación matrimonial inicia con un pequeño gesto de interés.

¡Me esforzaré, no me rendiré, haré mi parte, sembraré amor en ti!

M i amor,
te propongo que:

1. Nos saludemos cálidamente.

2. Nos ofrezcamos una palabra amable.

3. Nos agradezcamos lo que hacemos uno por el otro.

4. Hablemos la verdad con amor.

5. Veamos el lado positivo del otro y de cada situación.

6. Omitamos las pequeñas molestias.

7. Nos acurruquemos juntos y durmamos abrazados.

8. Nos brindemos servicio con alegría.

9. Oremos juntos y uno por el otro.

10. Nos escuchemos con atención.

Mi amor,

también te propongo que:

11. Nos pidamos disculpas humildemente.

12. ¡Volvamos a besarnos en los labios!

13. Riamos juntos de lo gracioso que nos sucede.

14. Nos respondamos con amabilidad.

15. Apartemos tiempo para estar juntos.

16. Sonriamos juntos de nuevo. Amo tu sonrisa…

17. Nos perdonemos completamente. Te pido perdón, ¿me perdonas?

18. Pasemos tiempo juntos.

19. Busquemos formas de crecer juntos. ¿Vamos a ese taller sobre amor en pareja?

20. Decidamos amarnos y trabajemos en equipo para fortalecer nuestra relación.

¿**C**uáles son las debilidades de mi relación de pareja?

¿En qué áreas debemos trabajar para convertirlas en fortalezas?

Mi amor, anotemos las respuestas a estas preguntas y conversemos para encontrar acciones específicas que nos ayuden a convertir nuestras debilidades en fortalezas.

¡Qué hermoso recordar cómo inició nuestra historia de amor!

Es imperfecta, pero es tuya y mía.

Déjame contarte de nuevo qué fue lo que me atrajo de ti y qué me enamoró.

Doy gracias a Dios por haberte conocido y tenerte a mi lado, mi amor.

Tú eres mi complemento,
la pieza que encaja
perfectamente en mi vida.

Mi amor por ti provoca en mí el carácter
y la determinación que necesito para que
nuestra relación trascienda en el tiempo.

Sé que me has aceptado con mis cualidades
y defectos, con mis fortalezas y debilidades.

No quiero decepcionarte. Quiero mejorar
para que nuestra relación sea cada vez más
sólida y hermosa.

Me casé contigo porque estoy en la disposición de darte lo que necesitas. Ahora sé que el matrimonio está diseñado como una relación generosa donde recibimos en la medida que estamos dispuestos a dar.

Me entregaste tu corazón y lo cuidaré por el resto de mi vida.

Me propongo conocerte más que nadie. Te observaré, te analizaré, veré de qué forma puedo agradarte y hacerte sentir mi amor por ti.

¡Te amo con tus fortalezas, debilidades y necesidades!

Hoy decido morir
para mí para que nazca
nuestra familia.

Sé que el matrimonio implica dejar
de pensar solo en mí para pensar en nosotros.

Asumo mi responsabilidad, mi papel,
mi función en nuestro matrimonio para
que ambos disfrutemos plenamente
de nuestra relación.

Durante nuestro noviazgo te mostré lo mejor de mí.

Ahora quiero ser mucho mejor aún.

Quiero que sientas que al casarte conmigo te sacaste la lotería.

Deseo que digas: "¡Salí ganando con esta relación! ¡Tengo la mejor pareja del mundo!".

El éxito de nuestra experiencia matrimonial se fundamentará en que sigamos las enseñanzas que Dios nos brinda, a partir del mutuo conocimiento y aceptación de esas diferencias que nos convierten en complemento.

Un equipo de fútbol no gana solo con un jugador que se impone a los demás.

Lo mismo sucede en nuestro matrimonio: debemos descubrir cuáles son tus fortalezas y cuáles son las mías para ponerlas al servicio de esta relación en la que ambos aportamos.

Ahora visualizo el matrimonio como un modelo de generosidad y entrega total.

Al ser una actitud que ambos asumimos, los dos salimos ganando.

Yo me comprometo a darte cuidado y amor.

Si nuestro matrimonio fuera una competencia, yo quiero ganar siendo quien más da generosamente.

Pero al final ambos somos ganadores porque nos cuidamos mutuamente.

Mi anhelo es que mi pareja diga: "Yo no me preocupo por mí, porque mi cónyuge se encarga de eso. Yo me preocupo por mi pareja".

Ese es el diseño de Dios para la vida matrimonial.

No me casé para fracasar ni para ser infeliz.

Si mi matrimonio no va bien es porque hemos permitido que ingredientes tóxicos como la indiferencia, la mentira y la falta de respeto lo contaminen.

¿Qué puedo hacer?

Volver a la receta original de generosidad y entrega total diseñada por Dios.

Para que nuestra relación funcione y vivamos plenamente felices, incluso con nuestras imperfecciones, tú y yo debemos revisar las instrucciones del fabricante del matrimonio: Dios.

Solo Él puede ayudarnos a comprender la verdadera naturaleza de la unión matrimonial.

Someteos unos a otros.

Efesios 5:21

Esta instrucción no significa permitir que tú abuses de mí y me humilles.

Más bien significa que, con amor y mansedumbre, yo debo preocuparme por ti.

Esa actitud es la llave que abre la puerta de tu corazón.

¡Qué maravilloso es Dios! Nos da la instrucción correcta para nuestro matrimonio: amor que pone primero el bienestar de la pareja.

Yo decido despojarme de mi orgullo para que Dios obre una verdadera transformación en mí y pueda amarte como lo mereces.

El plan de Dios para abrir las puertas a la relación matrimonial que nos hace sentir plenos y felices incluye dejar el orgullo, someternos con humildad y amar a través del servicio.

Es difícil… es humanamente imposible.

¡Por eso, tú y yo necesitamos someternos primero a Dios!

Él nos guiará de acuerdo con su perfecto diseño para nuestro matrimonio.

¡Actuaré en fe!

Comenzaré a cambiar yo para modelar el cambio que desearía ver en ti.

Quitaré la mirada de mis circunstancias.

No me enfocaré en lo que tú haces, sino que me concentraré en obedecer a Dios, quien me pide sembrar humildad y servicio en nuestra relación matrimonial.

La instrucción de Dios no es:
"Si tu pareja hace tal cosa,
tú debes hacer tal otra".

¡No!

Yo tengo mi responsabilidad,
sin importar lo que tú hagas o dejes
de hacer.

¡Por supuesto que es difícil!

Mi carne se resiste, lucha, se defiende,
pero me someteré en obediencia a Dios,
porque solo Él puede transformar
nuestro hogar.

Me despojaré de mi orgullo, me sujetaré a Dios y seré obediente para amarte a través de mi actitud humilde y servicial.

Sé que Dios obrará en ti y en mí el cambio que ninguno de los dos ha logrado en el otro.

Yo hago lo que me corresponde y te entrego en manos de nuestro Padre, para que toque y cambie el corazón de los dos.

Sé que de esta manera las puertas de los cielos se abrirán para nuestra familia.

El amor más grande que alguien
puede demostrar es dar la vida
por sus amigos.
Juan 15:13 (PDT)

El verdadero amor
requiere sacrificio.

Yo te amo, así que me sacrifico por ti.

Sé que Dios hará su obra buena, agradable
y perfecta en nuestro matrimonio.

El mundo tacha como débiles
a quienes cuidan de su pareja
y de su familia.

¿Crees que me importa lo que el mundo
diga de mí? ¡No!

Al contrario, yo soy fuerte porque reconozco
mis errores y busco corregirlos para darte el
lugar que mereces. Eres tú con quien deseo
disfrutar el resto de mi vida.

Hoy comprendo que, de acuerdo con el diseño de Dios, una esposa ama sometiéndose a su esposo y entregándolo en oración. Y un esposo ama despojándose de sí mismo y amando como Jesús: siendo el mayor siervo de su casa.

Señor, ayúdame a amar de acuerdo con tu diseño divino: con humildad, con servicio, despojándome de la arrogancia y del egoísmo.

Mi amor, sé que el proceso de cambiar y mejorar toma tiempo.

Es un reto para mí y sé que también lo es para ti.

Es como un pastel que debe hornearse a la temperatura correcta y por el tiempo exacto.

Si deseamos que esté listo antes y le ponemos más alto el calor, el pastel se chamuscará; si lo dejamos a baja temperatura, quedará crudo. Todo tiene su tiempo.

Yo me comprometo a mejorar y también a ser paciente.

Gracias, Señor, por revelarme que una esposa debe darle espacio a su esposo, sin condenarlo con sus palabras. Gracias por mostrarme que un esposo debe darle espacio a su esposa y no dejarla sola, sin respaldo y sin respuestas a sus preguntas.

A partir de hoy, pongo los pies sobre la tierra y decido ser tu complemento, mi amor.

Volvamos al principio, mi amor.

Yo deseo regresar a lo básico, a comprender mi rol y el tuyo en nuestro matrimonio para complementarnos.

Los conflictos de una relación generalmente son reflejo de problemas individuales que debemos resolver.

Un esposo es proveedor, cultivador, protector.

Una esposa es apoyo, multiplicadora, alentadora.

Dios formó al hombre del polvo de la tierra y sopló en su nariz aliento de vida.

Luego, la mujer salió del hombre. Esto es determinante para que ambos comprendamos nuestros roles en el matrimonio.

No se trata de que uno sea más importante que el otro.

Simplemente, como un buen equipo, tenemos diferentes atribuciones.

Un hombre se siente realizado cuando provee y suple las necesidades de su familia.

Una mujer se siente realizada cuando es la ayudante idónea de su esposo, a quien ve como su líder.

Gracias, Señor, por darnos a cada uno nuestras atribuciones.

Yo asumo con alegría mi papel dentro de mi matrimonio.

Debo buscar el aliento de vida que solo Dios puede darme para cumplir con mis asignaciones dentro de mi relación matrimonial y suplir las necesidades de mi pareja.

Padre celestial, anhelo pasar tiempo contigo, en tu presencia, para que me guíes.

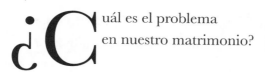

¿Cuál es el problema
en nuestro matrimonio?

Tener un corazón frío que necesita
acercarse a Dios.

¡Sopla tu aliento de vida en mí, Señor!

¡Solo tú puedes darme la fortaleza,
el amor, la humildad, la paciencia y las
habilidades para cumplir con mis
atribuciones en mi relación!

¡Qué maravilloso comprender que un esposo es cultivador y una esposa es como una semilla que él debe cuidar!

Una mujer quiere un hombre que vaya a Dios, que reciba aliento de vida y se lo dé a ella, que la nutra, la cuide, la proteja, le provea.

Un hombre quiere una mujer que lo apoye, sea su animadora número uno, su ayuda idónea.

Tú y yo, mi amor, estamos hechos el uno para el otro.

Somos uno porque decidimos vivir en pareja, formar una familia, luchar juntos por nuestros sueños compartidos.

Lo que nos dijimos cuando éramos novios era: "Voy a poner mi vida a un lado para ayudarte; dejo lo que yo anhelo, dejo mis planes para ayudarte a ti. Ya no se trata de mi futuro, sino de nuestra vida juntos".

Un hombre trabaja para suplir necesidades. Siente la responsabilidad de proveer. Cultiva y protege. Por eso necesita ayuda.

Una mujer multiplica lo que le des, lo desarrolla, lo hace crecer. De una célula, ella da vida a un bebé; de una casa, ella hace un hogar; si le das amor, ella te da una familia; si le das frustración, ella te devuelve una tormenta.

¿Es revelador, cierto, mi amor?

Ahora entiendo mejor mis actitudes y las tuyas.

Esposos y esposas manejamos
mucha presión.

Tú tienes días agotadores, yo también.

Necesitamos espacio y tiempo para liberar
la tensión.

¿Te parece si yo te brindo ese lugar seguro
y tú me lo brindas a mí?

Dios nos ayudará a comprendernos,
a conversar sin reproches, a apoyarnos
y a satisfacer mutuamente nuestras
necesidades.

Mi amor, tú eres quien mejor me conoce, y yo soy quien mejor te conoce.

Tú sabes mi historia y yo sé la tuya.

Sabemos cómo hacernos sentir amados, valorados y respaldados.

También sabemos mejor que nadie lo que irrita y frustra al otro.

Te prometo hacer mi mejor esfuerzo por brindarte el apoyo y atención que necesitas.

Te prometo hacer a un lado las críticas para dar espacio a las expresiones de ánimo.

¡No más kryptonita que debilita nuestro amor!

Mi amor, haré este ejercicio para ver si luego quisieras hacer lo mismo.

Anotaré y compartiré contigo en qué te he criticado, y en qué debo darte gracias porque no piensas como yo y eso me ha ayudado.

Quiero dejar de criticarte y darte gracias.

Sé que así nuestra relación mejorará, porque somos diferentes y nos complementamos.

Quiero mejorar, mi amor. Por eso analizaré en qué debo enfocarme de acuerdo con la asignación que Dios me dio en nuestro matrimonio.

Te abro mi corazón, me presento vulnerable delante de ti porque te amo.

Mi amor, hay situaciones en las que siento que pierdo en nuestro matrimonio.

Necesito compartirlo contigo para que juntos busquemos soluciones.

Te hablo con humildad, sin orgullo, con ánimo de lograr acuerdos porque te amo.

¿Qué puedo hacer por ti para que sientas que tú también ganas en nuestra relación?

Nuestra relación será tan fuerte como nuestra capacidad para comunicarnos.

Hablémonos y escuchémonos con total atención, cariño y respeto:

- Con el tono adecuado.

- Dándonos el tiempo necesario.

- Con total confianza.

- Hablándonos con verdad y amor.

- Enfocados en lograr acuerdos como el equipo que somos.

Tomaré nota de estos cinco aspectos para comunicarme contigo:

1. Cuidaré mi tono y la manera de expresar mi punto de vista, mis emociones y mis sentimientos.

2. Estableceré un tiempo especial para hablarte.

3. Cultivaré una atmósfera de confianza.

4. Sazonaré la verdad con amor y gracia.

5. Aceptaré nuestras diferencias porque somos un equipo que desea entenderse y unirse, no dividirse.

¿Sabes qué? A veces prefiero callar para no tener una discusión, pero creo que mi silencio se interpreta como indiferencia.

Lo mejor es que conversemos con intención resolutiva. ¿Estás de acuerdo, mi amor?

Quiero escucharte y expresarte lo que me incomoda, pero no pretendo ahogarte con un chorro de quejas, sino que juntos encontremos soluciones.

Mi amor, ¿podrías darme un tiempo para tranquilizarme y reflexionar sobre las respuestas que daré a tus preguntas? Te prometo retomar el tema para concluir en algo y que tomemos decisiones.

¡Tú eres lo más importante para mí!

Mi matrimonio no es una guerra ni tú eres el enemigo.

El conflicto en nuestra relación no es la presencia o ausencia de desacuerdos, sino la falta de amor para enfrentarlos y resolverlos.

Quiero ponerme de acuerdo contigo.

Mis palabras tienen enorme poder.

Las usaré para edificarte y bendecirte, no para humillarte y destruirte.

Dejemos de escoger entre dos opciones negativas: comunicar mal o no comunicar.

Los gritos y el silencio no favorecen nuestra conexión.

Yo escojo comunicarme bien contigo, escucharte y tener la disposición para lograr acuerdos.

¡Te invito a una cita romántica!

¿A dónde quieres que vayamos?

Relajémonos, disfrutemos tiempo juntos.
Busquemos un espacio solo para nosotros dos.

Verás que, al fortalecer nuestra conexión, todo
lo demás fluye mejor.

El tiempo juntos, fortaleciendo nuestra intimidad, lejos de las situaciones rutinarias que demandan nuestra atención, es como una válvula de escape para liberar la presión.

Sin esa válvula, ambos vamos acumulando incomodidad que explotará tarde o temprano.

Además de planificar una cita semanal para reconectarnos, estoy incluyendo en mi agenda otra cita especial: mi tiempo con Dios.

Él me dará sabiduría para encontrar las palabras correctas con las que te expresaré mi amor, mis deseos, mis necesidades y mis opiniones, para ponerme de acuerdo contigo.

Anhelo una fluida y clara comunicación contigo. Por eso, antes de que nos sentemos a conversar, oro:

"Dios, esta noche conversaré con mi pareja sobre algo importante.

Ya sabes que en el pasado hemos tenido problemas de comunicación, pero yo deseo que logremos ponernos de acuerdo.

Padre, dame un corazón humilde para aceptar lo que puedo cambiar.

Dame oídos atentos y palabras dulces".

Declaro que de ahora en adelante te levanto y animo con mis palabras de afirmación.

Te hablaré con respeto y amor.

Por una cosa negativa, te diré primero cinco positivas.

Me he dado cuenta de que mis palabras han sido ofensivas, dañinas y burlonas.

¡Por favor, perdóname!

Aprenderé sabiduría para encontrar el momento correcto para conversar ciertas cosas.

Cuando no haya sido un buen día para ti, mis palabras serán un bálsamo.

Esperaré a que sea oportuno expresarte mis necesidades y preocupaciones.

Ya habrá tiempo. Si no es hoy, será mañana.

Mi prioridad es brindarte el respaldo y el consuelo que necesitas ahora.

R econozco que soy veloz para reaccionar a la defensiva.

Tú no tienes la culpa de cómo reacciono.

Soy yo quien está sacando lo que llevo dentro: enojo, frustración, ansiedad.

¡No es tu culpa que yo me enoje!

Debo aprender a controlarme y no estallar.

Dios, ayúdame a tener un corazón humilde. Ayúdame a pensar antes de hablar y escuchar con empatía.

Quiero romper con las estadísticas.

Tú y yo conversaremos mucho más de cuatro minutos al día.

Somos confidentes, mejores amigos, compañeros de equipo.

Puedes confiar en mí. Yo te escucharé con atención porque me interesa lo que sientes, lo que piensas, lo que dices. Seré quien más cuide tu corazón.

L avemos nuestros trapos
sucios en casa.

Resolvamos nuestras diferencias en la
intimidad de nuestro hogar, donde ni
siquiera nuestros hijos se enteren de los
desafíos que solucionaremos juntos.

Conversemos con sinceridad, transparencia,
respeto y amor, sin manipulación, sin
agendas ocultas. Yo deseo que tomemos
decisiones juntos.

Quiero sembrar la semilla correcta en
tu corazón y en el de nuestros hijos.

Mi comunicación contigo será positiva y asertiva.

Dios nos ayudará a conversar sin críticas destructivas y reproches que nos alejan.

Me propongo eliminar el veneno de cinismo y la ironía de nuestras conversaciones.

Hablaré contigo sin atacarte, porque mi mayor anhelo es amarte.

"**N**o sirves para nada".

"Qué necedad la tuya".

"¿Acaso no entiendes?".

"¡Ya no te soporto!".

"¡¿En qué momento decidí casarme contigo?!".

"¿De qué forma debo decírtelo para que entiendas? ¡Eres %@&*Ç!".

Prometo nunca más faltarte al respeto con mis palabras, porque mi actitud humilde es lo que nuestra relación necesita para que seamos felices.

Le cortaré las alas a la arrogancia para que el amor que nos unió eleve el vuelo.

¡**E**s increíble cómo mi actitud humilde y respetuosa bendice nuestro matrimonio!

No me voy a rendir. No te culparé.
No me pondré a la defensiva.

Veré primero mis fallas para enmerdar
mis errores.

Me hago responsable de mis acciones
y de mis limitaciones.

Sé que he contribuido con el conflicto,
pero quiero solucionarlo.

Ahora entiendo que sin respeto no hay
posibilidad de sanidad para nuestra relación.

M i amor, ven,
por favor, conversemos.

Prometo no enredarme en una lucha
de poder.

No quiero ganar una discusión, no quiero
quedarme en mi posición como en una
trinchera donde te alejo.

Quiero ganar espacio en tu corazón
para trabajar en nuestra relación.

Hoy quiero hablarte sobre cinco cosas específicas que deseo agradecerte. Hay una sola cuestión que quisiera comentarte, que me inquieta, para que la resolvamos juntos.

Tal vez lo malinterpreté, pero el otro día me hiciste sentir mal con lo que me dijiste. Sé que no lo hiciste a propósito, pero quiero comunicarte mis sentimientos.

No te atacaré, no te acorralaré con críticas personales, porque no eres tú quien está mal, sino solo cierta situación que podemos mejorar.

Debo reconocer que tenemos algo pendiente que debemos solucionar.

No huiré ni evadiré, porque al regresar, ese conflicto seguirá allí, justo donde lo dejé, entre nosotros.

Ven, mi amor, conversemos, encontremos respuestas, resolvamos juntos.

Seré un esposo que…
- escuche con ternura.
- no dé una respuesta inmediata, sin pensar o reflexionar.
- abrace a su esposa y ore con ella.
- determine un tiempo apropiado, y aparte una hora, media hora, con Dios.
- regrese a conversar con su esposa para darle una respuesta.

Seré una esposa que…
- lleve mi corazón a Dios, para ver a mi esposo como mi amigo, no como mi enemigo.
- hable con amor, gracia y respeto.
- dé la vuelta a mi idea hasta que pueda decirla de una manera positiva, no como reclamo.
- resista la tentación de decir algo dos veces.
- ore para que Dios obre en el corazón de mi esposo.

Anotaré tres necesidades que tú puedes satisfacer en mí para sentir que me amas.

Anotaré tres necesidades que yo puedo satisfacerte para que sientas que te amo.

Por supuesto que es más fácil anotar lo que yo necesito que lo que tú necesitas y no recibes de mí.

¡Qué revelador descubrir que no solo yo siento insatisfacción en nuestro matrimonio!

No espero que tú me hagas feliz.

Espero que juntos alcancemos satisfacción y plenitud en la vida.

La llave para recibir es dar. No hay de otra, no hay atajos, ni soluciones mágicas.

El matrimonio se trata de entrega total.

Ambos tenemos necesidades, mi amor.

Una esposa necesita amor, comunicación, seguridad, servicio. Necesita escuchar a su esposo decir: "Te amo, yo te protejo. ¿En qué puedo ayudarte?".

Un esposo necesita honra, relación íntima, amistad, apoyo para el hogar. Necesita escuchar a su esposa decir: "¡Eres el mejor esposo, el mejor padre, el mejor proveedor!".

¿Qué te parece hacer un ejercicio? Anotemos de qué forma satisfacemos las necesidades del otro y de qué forma podemos mejorar. Luego conversamos sobre lo que anotamos. ¿Te parece?

No hay nada más atractivo para una esposa que un esposo que la ayude en casa.

No hay nada más atractivo para un esposo que una esposa que lo honre y lo alabe.

Muchos cometemos el error de querer los beneficios del matrimonio sin la responsabilidad de ser una persona comprometida para amar, valorar y servir a su pareja.

A partir de hoy, mi amor, te daré lo que necesitas.

La llave que abre el corazón del esposo es el respeto y la honra.

La llave que abre el corazón de la esposa es el amor y el servicio.

¡Ya sé con qué llave abro tu corazón!

Solo yo tengo esa llave y la usaré para cuidarlo.

117

No es mi responsabilidad determinar si tú mereces mi amor y respeto.

Yo te daré lo que necesitas porque es lo que me corresponde.

Seré obediente al diseño de Dios para nuestro matrimonio.

No me dedicaré a exigir lo que creo que merezco.

No esperaré a recibir para dar.

Romperé el círculo vicioso del orgullo y de la indiferencia.

Si Dios viviera en nuestra casa, ¿qué nos diría sobre la manera en que nos tratamos?

¿Nuestra relación es reflejo de la relación de Cristo con su Iglesia amada?

Jesús es nuestro modelo de amor y servicio.

¿**P**or qué me cuesta tanto liberarme del orgullo y de la arrogancia?

Mi amor, hagamos el esfuerzo por no justificarnos más.

Ambos hemos cometido terribles errores, pero podemos solucionarlos.

Brindémonos amor y respeto como Dios nos pide. Yo daré el primer paso.

La clave del éxito de nuestro matrimonio es ser humildes y obedecer el diseño de Dios.

Esposo: brinda amor y seguridad.

Esposa: brinda honra y respeto.

Padre, he obedecido, he hecho mi parte. Ahora te entrego el corazón de mi pareja para que lo restaures. Yo seguiré dándole lo que necesita, por obediencia a ti, creyendo que si me humillo y hago mi parte, tú obrarás y harás el resto.

El amor, según el concepto que Jesús nos enseña, es mucho más profundo, es más que un impulso de satisfacción o un sentimiento, es compromiso y sacrificio por el bien de la otra persona. Es un amor de calidad, no solo de cantidad y de expresiones superficiales. Es entrega total.

Yo te amo, mi amor, y te lo demostraré de la forma que tú necesitas sentirlo.

Mi amor, ¿sabías que el 90% de los matrimonios tiene conflictos por razones financieras, porque el dinero está ligado directamente a nuestro corazón y a nuestros valores?

Dicen que si queremos saber qué es importante para una persona, tomemos nota de en qué invierte o gasta su dinero, de cómo maneja sus finanzas.

Por favor, sentémonos a hacer un presupuesto, pongámonos de acuerdo, decidamos qué haremos para ganar dinero y en qué lo usaremos.

Tomemos juntos las decisiones financieras, tal como tomamos todas las demás decisiones.

El manejo del dinero es asunto de ambos. Lo que yo gano y lo que tú ganas nos pertenece a los dos.

Hagamos un presupuesto donde tomemos en cuenta todos los gastos, incluyendo tus gustitos y los míos. No debe haber secretos entre nosotros. Yo confío plenamente en ti.

Amémonos con transparencia, sin evadir o esconder.

Busquemos acuerdos para que no se ponga el sol sobre nuestro enojo como nos aconseja Dios en su Palabra, en Efesios 4:26.

Ser transparentes nos da seguridad y abre la puerta al respeto, justo lo que tú y yo necesitamos.

Cuando no somos buenos administradores, el enemigo encuentra por dónde acusarnos:

"Él no te ama… Si te amara, no te escondería cuánto gana.

Ella no te ama… Si te amara, no te escondería que tiene su guardadito.

Tú necesitas otro hombre que te valore, que te provea como a una reina.

Tú necesitas una mujer más joven, por eso necesitas gastar en tu apariencia.

Te casaste con la persona equivocada".

Mi amor, manejemos con transparencia y sinceridad nuestras finanzas para vivir tranquilos y felices.

Sin confianza no puede haber verdadera intimidad.

Para un hombre, la intimidad es algo más físico; para una mujer, es algo emocional.

Si no hay seguridad o un vínculo de confianza entre nosotros, no hay verdadera vida íntima.

No podremos construir una relación profunda si no confiamos uno en el otro, porque no entregaremos nuestro corazón si reservas.

Si algo puede robarnos la confianza es la mala administración de nuestro dinero.

De acuerdo con el diseño de Dios, el esposo tiene la responsabilidad de ser proveedor y sustentador. La esposa tiene la responsabilidad de administrar con sabiduría lo que su esposo le provee.

Mi amor, trabajemos en nuestra situación financiera con confianza y cariño.

Juntos podremos salir adelante.

Uno de nuestros más grandes
y graves problemas es que nos
comparamos con otros
y deseamos tener al instante lo que a
los demás les ha costado años de esfuerzo.

Esos deseos nos llevan a cometer errores
porque tomamos decisiones basadas en
emociones y no fundamentadas en nuestras
posibilidades presupuestarias.

Seamos razonables, mi amor, ambos
tenemos sueños para nuestra familia,
pero lograremos cumplirlos con paciencia
y sabiduría financiera.

Cuando nuestra situación financiera es inestable y ambos sentimos angustia, lo mejor es unirnos más que nunca para salir adelante juntos.
Sin reproches, sin buscar culpables, siempre brindándonos el amor, el respeto y el cuidado que ambos necesitamos.

Discutir no ayuda cuando necesitamos encontrar soluciones.

Mi amor, sentémonos a hacer nuestro presupuesto. Es la mejor decisión porque:

1. Cuando planificamos, conversamos sobre todo el panorama y nos ordenamos para tomar decisiones.

2. El presupuesto toma las decisiones por nosotros cuando ya nos pusimos de acuerdo.

3. Ambos lo hacemos como socios, compañeros y amigos.

He notado algo, mi amor:
la duda, la incertidumbre
y la falta de un plan son las razones
por las que hablamos negativamente sobre
nuestro futuro. Parece que no tenemos
una visión clara, pero si hacemos nuestro
presupuesto con total transparencia,
el dinero dejará de ser conflictivo.

El tiempo que desperdiciábamos peleando,
ahora lo aprovecharemos disfrutando
actividades que podemos realizar con
el dinero disponible.

El presupuesto es un instrumento que Dios nos ha dejado para ordenarnos, para tener control sobre nuestros recursos. Si no tenemos dinero para salir a cenar, pues comemos frijolitos en casa, juntos, felices.

Establezcamos orden en nuestros gastos.

Seamos inteligentes y previsores.

Mi amor, pensemos: ¿nosotros manejamos nuestro dinero, o el dinero nos maneja a nosotros? ¿Somos siervos o mayordomos de nuestras finanzas?

Si compramos algo o nos damos un lujito porque nos dejamos llevar por las apariencias, luego estamos afligidos por las deudas.

Nadie puede servir a dos amos, dos maestros, dos patrones.

Nuestro único amo debe ser Dios, quien nos pide ser previsores para planificar un futuro mejor.

¡Aprendamos a ahorrar, mi amor!

Un pequeño sacrificio hoy será una satisfacción mañana.

Pensemos en un objetivo que deseamos alcanzar juntos: nuestra casa, nuestro auto, un fondo universitario para nuestros hijos.

Planificar es la mejor decisión para nuestras finanzas y matrimonio.

Con un presupuesto ambos obtenemos lo que necesitamos.

La esposa obtiene seguridad y protección.

El esposo obtiene honra y respeto.

¡Pongámonos de acuerdo para ordenarnos financieramente!

Tomemos en cuenta estos cinco pasos para hacer nuestro presupuesto:

1. Hagamos una lista de nuestros gastos mensuales: alquiler de vivienda, pago de automóvil, seguros, alimentación, servicios básicos, gastos personales, gastos por recreación, transporte, estudios, ahorros... Anotemos todo.

2. Sumemos el total de esos gastos.

3. Hagamos una lista de todos nuestros ingresos y sumémoslos. Si el dinero que ganamos es más de lo que gastamos, estamos en una buena posición.

4. Si nuestros gastos son más que nuestros ingresos significa que estamos gastando demasiado y debemos hacer ajustes.

5. Hagamos un análisis detallado de los gastos y decidamos cuáles podemos recortar. Quizá por un tiempo debamos limitar nuestras salidas a comer, cancelar alguna membresía o no darnos ese gustito del café favorito fuera de casa, pero estos son sacrificios que darán frutos.

Al final del primer mes con un presupuesto, conversemos sobre el resultado y tomemos decisiones sobre los ajustes necesarios. Puede ser que debamos recortar más gastos o buscar otra fuente de ingresos. La idea es que ese presupuesto nos ayude a visualizar el futuro para que ya no discutamos sobre el dinero.

No hacemos un presupuesto para esclavizarnos o dominarnos. Al contrario, ya verás que al elaborarlo ambos comenzaremos a sentir alivio porque encontraremos el camino a la libertad que necesitamos y merecemos, luego de superar la frustración de los problemas económicos que son lo que verdaderamente esclaviza. El presupuesto nos dará la tranquilidad que buscamos.

Mi amor, decidamos echar fuera de nuestro matrimonio al demonio esclavizador de la deuda que nos roba nuestros sueños y recursos. Aprendamos a vivir con lo que ganamos y no nos esclavicemos con las tarjetas de crédito o pidiendo prestado a familiares. Esto nos genera mucha tensión y pleitos.

Hagamos y sujetémonos a nuestro presupuesto para ordenar nuestras finanzas y avanzar hacia un futuro prometedor.

Nuestro matrimonio es como una casa de debemos construir bien, con ladrillos de buena calidad, cimentados sobre sólidos fundamentos. Nuestro matrimonio se construye con las pequeñas decisiones que tomamos día a día, minuto a minuto.

En este instante mi decisión es darte un beso cariñoso cada mañana para construir nuestra relación con amor.

Nuestro matrimonio es como esa cuenta de ahorro en la que vamos depositando poco a poco para tener un capital a nuestro favor. No es como una herencia que nos viene de pronto y nos resuelve la vida.

Debemos depositar constantemente para tener saldo a favor cuando sea necesario. Cuando vengan las dificultades y discusiones, el cariño, el cuidado y el servicio que hemos depositado nos servirán para saldar nuestras diferencias.

Tú y yo somos seres superiores, hijos de Dios, creados con amor.

Ninguno de los dos es más que el otro. Simplemente cumplimos diferentes asignaciones de acuerdo con el orden establecido por nuestro Señor.

Comprender que cada uno tiene su responsabilidad nos evitará muchos conflictos, pues antes de reclamar algo, reflexionaremos sobre la validez de lo que exigimos o esperamos que el otro haga.

S in conexión es imposible una buena relación.

Construimos esa conexión minuto a minuto.

Necesitamos entendernos, no solamente vivir juntos.

Debemos comunicarnos para conectarnos.

Juntos podemos sanar nuestro corazón para trabajar en una relación funcional.

Humildemente bajo la guardia, derribo mis barreras para acercarme a ti.

No quiero herirte. Sé que has tenido que mantener esa actitud a la defensiva por temor y frustración.

Pero prometo amarte y respetarte de ahora en adelante.

Reconstruyamos la confianza y transparencia para que podamos mostrarnos vulnerables y fortalecer nuestra intimidad.

Fortalecernos y disfrutar como pareja de momentos especiales es vital porque esos buenos recuerdos que vamos atesorando nos ayudan a mantener la perspectiva correcta en tiempos difíciles y de conflicto.

Es más fácil superar un desacuerdo cuando vemos al otro como alguien que nos ama y en quien podemos confiar, no como un enemigo a quien debemos derrotar.

Todos cometemos errores y somos vulnerables.

Nadie es perfecto, así que en algún momento necesitaremos perdonar y también necesitaremos ser perdonados.

Yo te perdono. Por favor, perdóname.

El error más grande que puedo cometer es amargarme y querer tirarte en la cara lo que haces mal.

Lo mejor es preguntarme qué puedo cambiar yo para que nuestra relación mejore.

Ambos, tú y yo, tenemos una responsabilidad en nuestro matrimonio: construir con ladrillos de paz nuestro hogar.

Nuestro matrimonio no se edifica con grandes cosas, sino con pequeños detalles.

Analicemos qué sucede diariamente en nuestra relación y cómo podemos hacer que cada momento sea agradable, incluso lo más rutinario como las tareas del hogar.

Nuestra relación se alimenta de esos momentos de cuidado e interés mutuo.

Tendré pequeños detalles contigo que harán una gran diferencia en nuestro matrimonio.

Cada día oraré por ti y por nuestra relación.

Señor, mis palabras y acciones solo llegan a cierto punto en el corazón de mi pareja, pero tus palabras llegan más allá. Dame sabiduría, ayúdame a sembrar amor y respeto con mis acciones de servicio y mi conducta cariñosa.

Las palabras duras, los regaños, las críticas y la indiferencia son como cristales rotos que te han herido, mi amor.

Cultivaré sabiamente nuestra relación. Con mi conducta respetuosa y mis palabras cariñosas reconstruiré el amor entre nosotros.

Mi boca solo expresa lo que tengo en el corazón.

He expresado enojo y frustración, pero sanaré para llenar mi corazón de amor y respeto.

Trabajaré en mí para que mis acciones y reacciones edifiquen nuestra relación en lugar de destruirla. Buscaré la paz y no la guerra.

Asumir una actitud de víctima y culparte no ha servido más que para separarnos.

Al ocultarme y negar mi responsabilidad evito ir a la raíz del problema.

Por esto nuestro amor está agonizando.

Le daré nueva vida a nuestro matrimonio cambiando mi actitud.

Asumo mi responsabilidad y ya no te dejaré toda la carga de nuestra relación.

¡Hay esperanza para nosotros! Dios puede obrar en nuestro matrimonio, tal como ha obrado en el de tantas parejas que se sujetaron en obediencia a su diseño divino.

Hoy tomo la iniciativa, renuevo mi fe y mi disposición para resolver nuestros desacuerdos.

Yo haré mi parte y dejaré que Dios obre milagrosamente, dándonos una nueva oportunidad.

Ante los problemas sin resolver, ambos perdemos, ¡nadie gana!

Mi amor, necesitamos estar dispuestos a dar un paso atrás para identificar la verdadera causa del problema y pedirle a Dios que nos enseñe qué cosa pequeña se ha convertido en un patrón tóxico en nuestra relación.

Conversemos, descubramos qué es realmente lo que nos irrita y pongámonos de acuerdo.

Ven, mi amor, respondamos cada uno estas preguntas:

¿Durante cuánto tiempo has sentido falta de afecto en tu relación? Todos la hemos sentido alguna vez. El secreto es no prolongarla tanto que se vuelva peligrosa.

¿Qué expectativas tienes de tu cónyuge que no satisface?

¿Qué sabe tu cónyuge sobre esas expectativas?

¿Se han puesto de acuerdo sobre esas expectativas?

¿Qué factores estresantes afectan su relación y qué distracciones tienen ahora?

¿Están dispuestos a dedicar tiempo y energía para acabar con cualquier patrón tóxico?

¿Tienen claros los límites con respecto al dinero, y la relación con las familias de ambos?

¿Cuáles son los mejores rasgos de tu pareja?

¿Cuáles son los mejores aspectos de la relación, lo que los enamoró?

Sin perdón, el matrimonio no funciona.

Aceptaré el compromiso de edificar un amor nuevo y práctico porque te conozco y te veo con gracia. Será el primer paso para una relación con más intimidad y conexión.

Mi amor, sé que cometo errores, por favor perdóname.

Te demostraré con mis palabras y acciones cuánto te amo.

La solución para nuestro matrimonio es mi actitud humilde.

Prefiero perder mi orgullo a perder mi hogar.

Con la ayuda de Dios sanaré mis heridas para ya no estar a la defensiva y no tomarme todo a mal.

Te veré con gracia, empatía y tolerancia porque sé que me amas, sé que tu intención no es lastimarme. Sé que, si ambos ponemos de nuestra parte, podremos restaurar nuestro amor.

Sé que mis actitudes lastiman
tu corazón. Esta semana tomaré
conciencia de mis palabras,
mi tono de voz, mi lenguaje corporal
y mis acciones hacia ti.

Responderé a las preguntas: ¿de qué forma
estaré destruyendo nuestra relación?
¿Cómo podría edificarla?

Así reforzaré lo positivo y trabajaré para
eliminar lo negativo.

Mi amor, te levantaré con mi oración.

Buscaré tu felicidad, poniéndote en manos del único que puede brindártela al cambiar tu corazón: nuestro Dios.

Seré esa pareja valiente que da un paso adelante, que rinde sus imperfecciones, frustraciones, tristezas, enojos, ansiedades y anhelos delante de Dios para que obre en nosotros, y así lograr que nuestro matrimonio sea a prueba de todo.

Entrego humildemente mi corazón a Dios.

Solo Él puede sanarlo, cambiarlo, fortalecerlo, darle sabiduría y llenarlo para que yo pueda darte lo que necesitas y nuestra relación florezca.

¡Le entrego mi vida y mi voluntad al Señor!

Mi amor, Dios es nuestro diseñador y creador. Él sabe mejor que nadie cómo funcionamos, así que es nuestro mejor consejero y guía.

Juntos busquemos su consejo a través de su Palabra.

Él nos dará discernimiento para tomar buenas decisiones.

Hagámoslo parte de nuestro hogar y todo irá mejor.

Mi anhelo es que nuestro matrimonio dé abundante y buen fruto de paz, amor, entendimiento y respeto.

¿Qué necesitamos para lograrlo?
Morir a nosotros mismos para que nazca
ese amor generoso donde no cabe el egoísmo.
Necesitamos ser una pareja convencida
de que ambos debemos morir para que
la relación dé fruto.

Mi amor, oremos juntos:

Señor, gracias porque tú tienes el control de nuestra relación y eres nuestro maestro de vida.

Gracias por darnos al Espíritu Santo como consejero y consolador.

No lo sabemos todo, por favor, enséñanos.

Gracias por mostrarnos el verdadero amor que nos hace morir a nosotros mismos para que nuestro matrimonio resucite.

Porque te amo, te prometo _____

_____

_____

Porque te amo, te prometo _____

_____

_____

Porque te amo, te prometo _____

_____

_____

Porque te amo, te prometo _____

_____

_____

Porque te amo, te prometo _____

_____

_____

Porque te amo, te prometo _____

_____

_____